Dieses Buch ist für

____

von

____

Für Katrin und Christian

In Gedenken an Niklas

Wenn du niemals ein Kind in dein Herz lässt,
wird dir der schlimmste Schmerz
sicher nicht widerfahren.

Aber auch die größte Freude
wirst du sicher nicht erleben!

Inhalt

Liebe Mama, lieber Papa!

Ich bin nicht weg, ich bin nur nicht mehr hier! Merkt euch das und erzählt es auch allen anderen, die mich vermissen.

Ihr wollt wissen, wo ich bin? Tut mir leid, aber das kann ich euch nicht verraten. Vielleicht sitze ich ja auf einem Stern. Also nicht auf irgendeinem Stern: auf dem schönsten, hellsten und funkelndsten Stern, den es gibt, natürlich. Von dort aus kann ich euch sehen, auch ihr könnt mich sehen. Ihr müsst nur ganz genau hinschauen.

Aber nicht so, wie ihr das immer macht, mit den Augen. Nein, mit euren Herzen müsst ihr gucken, dann seht ihr mich. Und wenn ihr's ein bisschen geübt habt und ganz gut könnt, spürt ihr mich sogar.

Um mich müsst ihr euch keine Sorgen machen, mir geht es gut! Für euch ist es sehr schwer, ihr wisst das ja alles nicht ... Ich würde euch euren Schmerz und eure Trauer so gerne nehmen, nur das kann ich nicht – das kann wohl niemand. Es wird wahrscheinlich auch nie aufhören, weh zu tun.

Ich wünsche mir, dass ihr irgendwann einen Weg findet, dass es anders wird.

Mit diesem Buch will ich euch ein bisschen helfen.

Eben, damit es anders wird.

Vielleicht seid ihr einfach nur leer, unsagbar traurig, wütend oder ihr versteht die Welt nicht mehr und schon gar nicht, was passiert ist.

Was auch immer ihr fühlt oder tut, es ist richtig! Niemand kann wissen, was in euch vorgeht. Denkt nicht darüber nach, was andere Leute sagen oder denken könnten, denn sie haben keine Ahnung.

Lacht, wenn ihr wieder lachen könnt! Bitte verbietet euch das nicht, ich habe so gern mit euch gelacht.

Haltet euch fest aneinander, auch wenn jeder von euch seinen eigenen Weg gehen muss. Egal, wohin er euch führt, ihr werdet immer durch mich verbunden bleiben.

Ihr habt mir immer so schöne Geschichten vorgelesen, wisst ihr noch? Jetzt will ich euch einmal eine Geschichte erzählen.

Es ist die Geschichte von einer Taube, die Hoffnung bringt. Sie heißt Jonne.

Sie gibt sich nicht auf, sie wird aktiv und tut etwas.

Damit ihr versteht, was auch ihr tun könnt, will ich euch einige Symbole meines Buches erklären.

Schreibt etwas, drückt euch mit Worten aus.

Werdet kreativ, zeichnet, malt, drückt euch mit Farben aus. Pastellkreide und Buntstifte sind geeignet.

Geht nach draußen, sperrt euch nicht ein.

Geht auf andere zu, bleibt nicht allein.

Recherchiert im
Internet, in Büchern,
wo auch immer.

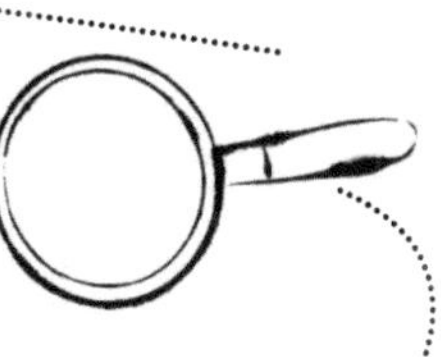

Sucht nach Fotos,
schaut sie euch
bewusst an.

Versucht zur Ruhe
zu kommen, denkt
an euch und macht,
was euch guttut.

Hier kann jemand
was für euch tun:
vorbeikommen,
unterstützen, Mut
machen …

Na los, blättert um und seht, was die Taube Jonne erlebt: wie sie weint und wie sie lacht. Gebt nicht auf, tut es für mich!

In ewiger Liebe,

euer kleiner Engel

Liebe traurige Große!

Seht ihr mich auf dem schönsten, hellsten und funkelndsten Stern, den es gibt? Von dort aus kann ich euch sehen, auch ihr könnt mich sehen.

Wenn ich euch sehr fehle, kennt ihr meine Mama und meinen Papa sicher auch sehr gut, oder? Könnt ihr mir einen Gefallen tun? Ich weiß nämlich nicht, ob sie mich im Moment sehen oder spüren können. Sie sind so unsagbar traurig, dass ich Angst habe, sie kommen nie mehr aus diesem Loch heraus. Ich weiß schon: Ihr seid selbst traurig. Vielleicht seid ihr auch unsicher, wisst nicht, was ihr machen oder sagen könnt. Aber bitte geht doch auf die beiden zu. Sie selbst können möglicherweise diesen Schritt zu euch nicht tun. Versucht dabei, sie nicht zu „trösten" oder zu beschwichtigen. Sie dürfen für eine Weile trostlos sein.

Haltet den Schmerz mit ihnen aus!

Doch nun lest erst einmal meine Geschichte. Sie handelt von der Taube Jonne, die ihr Kind verloren hat. Ich habe diese Zeilen für meine Eltern aufgeschrieben. Aber ich kann mir vorstellen, dass sie euch ebenso Hoffnung und Kraft bringen können. Denn Jonne gibt niemals auf, auch wenn die Tage noch so grau sind. Sie wird aktiv und tut etwas.

Ihr wollt wissen, wie sie das macht? Worauf wartet ihr? Fangt an zu lesen und lasst euch von Jonne mit auf eine hoffnungsvolle Reise nehmen. Ich wünsche euch viel Kraft!

Euer kleiner Engel

Wieder ein grauer Tag …

Fliegen? Das kann die Taube Jonne nicht mehr, ihre Flügel sind ihr zu schwer geworden. Alles ist ihr zu schwer geworden, ihr Leben.
Heute liegt sie einmal wieder im Bett – viel zu lange. Sie schläft und schläft; am besten ist es, wenn sie schläft. Manchmal kann sie aber nicht schlafen, dann ist es noch schlimmer. Noch schlimmer? Nein, doch nicht, noch schlimmer geht es gar nicht, es ist immer schlimmer. Jonne vermisst ihren kleinen Engel so, so sehr! Sie kann nicht glauben, dass sie ihn für immer verloren hat.

„Jonne! Jonne! Na los, jetzt steh schon auf! Wenn du den ganzen Tag im Bett liegst und dich vergräbst, komm ich doch auch nicht zurück!"

Wer war das? Es klang wie Jonnes kleiner Engel. Aber der konnte es doch nicht sein, er war doch nicht mehr hier, oder?
Es könnte ein so schöner Tag sein. Ein ganz normaler Tag wäre ein so schöner Tag. Das war Jonne bisher gar nicht bewusst. Für Jonne gibt es seit ‚diesem Tag' keine schönen, normalen Tage mehr. Es wird auch keine mehr geben, denkt sie. Sie hätte auch überhaupt nicht den Mut dazu, einen normalen Tag zu verbringen.
Alles ist ihr zu schwer. ‚Schwermut' ist ein komisches Wort, aber es passt jetzt zu ihr. Solange man schwermütig ist, kann man einfach nichts Schönes, Normales machen. Das braucht man gar nicht zu versuchen. Punkt. Aus. Ende.

„Doch, doch, Jonne, probier's einfach mal. Mach was Schönes! Weißt du noch, was wir immer so gern zusammen gemacht haben? Vielleicht komm ich dann mit …"

„Geh‘ mal wieder
an einen unserer
Lieblingsorte! Wo waren
wir denn immer gerne
zusammen? Vielleicht
bin ich ja dort …“

„Reise in Gedanken an den Ort und beschreibe ihn ganz genau."

„Jonne, es ist ok, wenn du mal länger liegenbleibst. Aber bitte probier's einfach. Steh' auf."

Das große Loch

Als Jonne es dann endlich schafft, ihre Füße sacht auf den kalten Boden zu setzen, steht sie schon wieder vor diesem riesengroßen schwarzen Loch. Davor steht sie immer wieder, auch wenn sie woanders hingeht. Vielleicht gibt es viele solcher Löcher oder das Loch läuft immer hinter ihr her. Die Taube weiß es nicht, es ist ihr auch egal. Sie selbst ist nicht hineingefallen, aber eigentlich ihr ganzes Leben, ihre Liebe, ihr Herz …

Was soll sie jetzt nur tun? In den meisten Dingen sieht sie keinen Sinn mehr. Und was das Schlimmste ist? Es ist so still geworden. So still, dass ihr die Stille viel zu laut ist.

Und sie hat Zeit, sie hat unendlich viel Zeit. Jonne weiß gar nicht, wie so ein wahnsinnig langer Tag zu Ende gehen soll. Wahrscheinlich sollte sie doch mal weggehen von diesem verdammten Loch. Für die Taube ist das aber nicht so einfach. Schließlich fliegt sie nicht mehr, sie ist vielmehr wie ein schwerer Trauerkloß, der nur gaaaaanz langsam rollen kann. Und wenn sie doch einmal die Kraft hat, sich ein Stück weit wegzubewegen, überfällt sie das schlechte Gewissen. Dann vermisst sie das verfluchte Loch. Scheinbar zieht es sie wie an einer unsichtbaren Leine hinter sich her.

„Jonne, komm schon, lass mal los und geh ein Stück weg. Ich weiß doch, dass du mich nicht vergisst. Keine Sekunde, die wir miteinander verbracht haben, wirst du je vergessen! Auch wenn du Erinnerungen nicht immer abrufen kannst. Das Band der Liebe, das seit meinem ersten Herzschlag zwischen uns gespannt ist, ist doch immer noch da! Du spürst es, es kann nicht reißen.“

Und so kommt es, dass Jonne sich tatsächlich überlegt, etwas zu tun. Sie hat eine Idee.

Sie könnte sich eine Route suchen, die sie immer wieder entlangläuft, um sich an ihren kleinen Engel zu erinnern. Vielleicht durch den Wald, wo es so gut riecht. Oder an einen kleinen Weiher, an dem sie das Wasser plätschern hört. Vielleicht fällt ihr auch ein schönes Bänkchen ein, von dem aus sie einen tollen Blick nach oben hat. Ab und zu geht eine andere liebe Taube mit ihr.

Auf diesem Weg wird Jonne immer wieder Zeichen von ihrem kleinen Engel finden: ein Herz aus Stein oder einen kleinen Schmetterling, der sie begleitet …

Ab und zu fotografiert sie diese kleinen Zeichen oder nimmt sie mit und sammelt sie in einer Schatzkiste.

Und wenn sie wieder nach Hause kommt, macht sie sich einen guten Tee und sieht sich ein paar Fotos an.

Wunderbare Fotos sind das. Jonne sagt:

„Die besonders schönen kannst du hier einkleben. Nimmst du meine schönen Farben für die bunten Rahmen?“

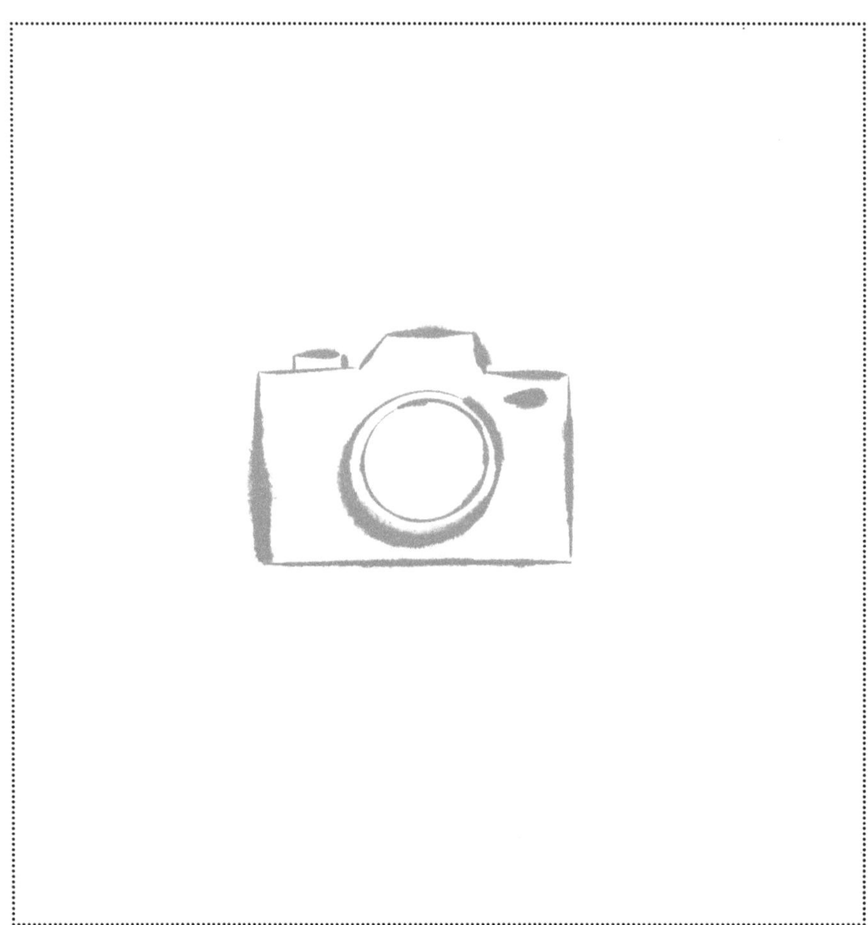

Was „GUT“ bedeutet

Gestern ist Jonne wieder ihren Weg gelaufen. Zurzeit ist sie manchmal wie ein trotziges Kind. Deshalb wollte sie nicht glauben, dass ihr Bewegung guttut. Und jetzt will sie es natürlich auch nicht zugeben. Gut – so ein komisches Wort. Es kommt in Jonnes Wortschatz eigentlich nicht mehr vor. Dennoch hat sie oft das Gefühl, sie müsse so tun, als würde es ihr gut gehen, als wäre alles normal. Damit sich die anderen Leute nicht von ihr abwenden oder genervt von ihr sind oder ... Denn dann wäre sie ja noch mehr allein ...

„Jonne, mach dir doch über sowas keine Gedanken! Hat dich irgendwer gefragt, ob du das aushältst, was geschehen ist? Sicher nicht! Na also, dann können die anderen das wohl auch mal aushalten! Und ganz ehrlich, wer mich lieb hat, der wird dich verstehen!“

Das gibt Jonne zu denken. Sie kommt zu einem folgenschweren Entschluss:

Es gibt Leute, die ihr guttun, sie nennt sie Gut-Tuer. Das sind diejenigen, bei denen sie sich wohlfühlt. Die, die immer wieder kommen, egal wie mies Jonne gelaunt ist. Die, die versuchen, es mit ihr auszuhalten.

Dann gibt es die Leute, bei denen Jonne momentan nicht so gerne ist, sogenannte Nicht-Gut-Tuer.

Wenn Jonne an manchen Tagen keine Lust hat, mit bestimmten Leuten zu reden, dann darf sie das. Und wenn es mehrere Tage sind, dann sind es mehrere Tage. So ist es nun mal, das ist ihr gutes Recht.

Sie darf sich die Menschen aussuchen, zu denen sie gehen will. Zu denen, die mit ihr weinen. Zu denen, die sich mit ihr erinnern. Vielleicht auch zu denen, mit denen sie trotz allem auch mal wieder ein bisschen lachen kann.

Ja sicher, fliegen wird sie auch mit ihnen nicht.

„Super Jonne, jetzt hast du wieder etwas Wichtiges verstanden! Ich hab' das doch auch immer so gemacht. Ihr Erwachsenen könnt mehr von uns Kindern lernen, als ihr denkt. Weißt du noch, mit wem ich immer gern gespielt habe und was?"

„Weißt du noch damals, als …“

Eines Tages nimmt Jonne all ihren Mut zusammen. Sie meldet sich bei anderen, die ihren kleinen Engel auch vermissen. Wie es ihnen wohl geht? Lange plaudert sie mit ihnen. Sie lädt sie ein. Und sie verspricht, wiederzukommen.

Hat ihr das geholfen? ‚Geholfen', wieder so ein schwieriges Wort aus der Erwachsenenwelt, eines, das man so schwer greifen kann. Es hat ihr den Schmerz natürlich nicht genommen oder ihre Trauer kleiner gemacht. Ihr kleiner Engel ist auch nicht zurückgekommen. Aber schön war's irgendwie schon. Sie weiß jetzt, dass sie nicht allein ist mit ihrer Trauer. Und sie merkt, dass Trauer für jeden anders ist.

Bei einer der nächsten Begegnungen spielt sie ein Spiel mit den anderen. Es ist ein tröstliches, stärkendes und manchmal sogar lustiges Spiel. Es heißt

Weißt du noch damals, als …

Hier darf jeder eine schöne Geschichte vom kleinen Engel erzählen. Nicht irgendeine Geschichte, eine lustige Geschichte muss es sein. Eine, bei der man richtig prustet, weil man herzzerreißend lachen muss. Eine, bei der man das Gefühl hat, keine Luft mehr zu kriegen, sodass einem fast das Herz aus der Brust springt.

Weinen, weinen muss man bei so einer schönen Geschichte natürlich auch fürchterlich. Aber auch das tut dann gut.

Weiß du noch
damals, als

„Na los, Jonne, ich warte schon sehnsüchtig. Schreib doch bitte so eine Geschichte für mich auf!“

Tränen

Jonne weint schon wieder. Sie kann ja sowieso schon kaum mehr aus ihren Augen herausschauen. Was soll sie auch anderes tun, ihr ist das Wichtigste genommen worden. Es fühlt sich immer wieder so an, als würde man ihr den Hals abschnüren und die Luft zum Atmen nehmen.

Früher kannte sie dieses Gefühl nicht. Wenn sie etwas bedrückt hat, ist sie einfach ein bisschen höher geflogen. Dorthin, wo die Luft dünner ist, die anderen Vögel zwitschern und die Sonne scheint. Aber jetzt kann sie nicht mehr fliegen.

Sie weint.

„Lass' deinen Tränen freien Lauf. Du bist nicht allein. Ihr haltet doch zusammen, oder?"

„Komm, Jonne, wir malen
mal wieder miteinander.
Mal‘ doch bunte Tränen,
das gefällt mir besser!

Kleb‘ ein Bild von mir in die Mitte. Schreib‘ was in die Tränen, wenn du willst. Lass‘ deiner Kreativität freien Lauf.

Du bist nicht kreativ? Papperlapapp, wir haben doch immer so gern zusammen gemalt!“

Keine Tränen

Es gibt auch Tage, da hat Jonne keine Tränen. Sicher, sie ist traurig und sie spürt den Schmerz, aber sie kann einfach nicht weinen. Manchmal macht sie das richtig wütend. Also nicht so normal wütend, sondern so richtig, richtig wütend – so, dass man nur noch schreien möchte.

„Und jetzt geh‘ in den Wald und brüll‘ es raus! Trau dich, das wird ein Heidenspaß. Ich hab mir doch auch nie Gedanken gemacht, was jemand über mich denkt.

Wenn du willst, dann darfst du auch noch etwas kaputtmachen! Mit einem Kind darf man Kind sein, das tut gut. Und du hast ein Kind, du hast mich!

Magst du deine Wut in Farbspritzern ausdrücken? Dann lass alles raus, hier und jetzt! Mach die Seiten richtig bunt.“

Lachen

Jonne muss doch tatsächlich auch mal wieder ein bisschen lachen, als sie sich all die ‚Wutwörter' aus der Seele schreit. Ein ganz komisches Gefühl, irgendwie tut es gut. Aber irgendwie hat sie auch das Gefühl, etwas Verbotenes zu tun.

„So ein ausgemachter Quatschmist. Jonne, du darfst lachen! Es reicht doch schon, dass du nicht mehr fliegen kannst. Sollst du dir jetzt auch noch das Lachen verbieten? Bitte nicht, wir haben doch immer so gerne zusammen Schabernack gemacht. Denk' daran, ich sehe dich. Ich will dich lachen sehen!"

„Und jetzt nimm meine Lieblingsfarbe und schreib das nach, grau gefällt mir nicht!"

Ich darf lachen!

Du bist nicht allein

„Du bist nicht allein!"

Wie oft musste sich Jonne das in den letzten Tagen und Wochen anhören. Schon wieder so ein riesiger Unsinn. Natürlich ist sie allein: Ihr kleiner Engel ist ja nicht mehr hier!

Jonne weiß schon, dass es die anderen Leute nur gut meinen und dass sie für sie da sein wollen. Aber wie soll das gehen? Niemand, der es nicht selbst erlebt hat, kann es verstehen. Manche erzählen ihr, dass es ihnen auch schon schlecht gegangen ist, als die Oma gestorben ist. Nichts gegen die Oma, aber solche Leute verstehen noch weniger.

Jonne hat schon manchmal versucht es zu erklären. Dabei verwendet sie dann Worte wie Schmerz ... Wut ... Verzweiflung ... Übelkeit ... und all die schlimmen Dinge eben, die ihr einfallen. Aber beschreiben kann sie es doch nicht und verstanden hat's erst recht keiner.

Sie macht das jetzt nicht mehr, es ist nämlich sehr anstrengend. Vor allem, wenn Antworten kommen wie:

Die Zeit heilt alle Wunden. Oder: Das wird schon wieder!

Es wird doch nicht mehr, verdammt! Jonne weiß deshalb oft gar nicht, was sie tun oder sagen soll. Dann geht sie einfach weg. Sie merkt, dass sie sich unter vielen oft einsamer fühlt, als wenn sie allein ist. Vor allem, wenn sie deren Glück beobachten muss. Häufig wissen sie nicht einmal, was Glück bedeutet.

„Wenn du wieder allein bist, dann raus mit der Wut: Schieß' die Leute auf den Mond! Oder noch weiter.

Hahaha, ich sehe sie schon fliegen mit ihrem Mitleid im Schlepptau, das mit Mitgefühl nichts zu tun hat. Jonne, mach' mit, stell's dir nur mal vor.

Schreib' Sätze oder Verhaltensweisen, die dich verletzen, in die Raketen – und dann schieß' sie auf den Mond.

Mach' sie ruhig noch bunt oder gestalte den Himmel. Ich weiß, du willst niemandem etwas Böses – aber so kannst du deiner Wut Luft machen. Kriegt doch keiner mit."

Haltet die Welt an

Das war irgendwie befreiend und auch ein bisschen lustig. Aber nicht nur die Nicht-Gut-Tuer, auch die Gut-Tuer – die, die immer da sind, mit denen sie weint und die sie in den Arm nehmen – haben es nicht erlebt. Sie wissen nicht, wie einem die Traurigkeit die Luft abschnürt und man sich fühlt, als könne man gar nicht mehr richtig tief einatmen. Deren Welt dreht sich weiter.

Für Jonne viel, viel zu schnell. Ihr wird oft schwindelig und ganz schummrig vor Augen. Wenn die anderen dann von ihrer sich drehenden Weltkugel zu Jonne fliegen, wissen sie oft nicht, was sie sagen oder tun sollen. Woher auch?

Deshalb sagen auch sie manchmal blöde Dinge. Zum Beispiel

… Dein Engel ist jetzt zu Hause. …

So ein Quatschmist. Zuhause ist bei Jonne. Punkt. Aus. Ende.

„Gibt es vielleicht noch andere doofe Sätze, die du dir von der Seele scheiben willst?“

Oder sie sprechen einfach nicht, weil sie Angst haben, etwas Falsches zu sagen. Sie wissen ja nicht, dass sie damit Jonnes Herz in Stücke reißen. Vielleicht wollen sie auch keine Wunden aufreißen.

Da fragt sich Jonne, wie man eine Wunde aufreißen soll, die nicht einmal im Ansatz verheilt ist. Sie wünscht sich, dass jemand auf sie zugeht und einfach mal beginnt, über ihren Engel zu reden.

„Komm schon, Jonne. Brich das Schweigen! So merkst du nämlich, dass es auch andere Herzen gibt, die deinen kleinen Engel nie vergessen werden. Die auch um ihn weinen, über ihn lachen und seine Lieder singen.“

Engelstauben

Immer können sie den Weg nicht mitgehen, dann darf Jonne auch die Gut-Tuer wegschicken. Wenn es wirklich richtige, waschechte Gut-Tuer sind, dann werden sie immer wieder kommen. Trotzdem, wieder allein …

Jonne wünscht sich andere. Solche, die es auch fühlen.

„Hey Jonne, es gibt noch andere Eltern, die ihr Kind verloren haben. Schau doch mal im Internet, vielleicht findest du ja eine Gruppe bei uns in der Nähe."

Jonne ist dort hingegangen und hat eine ganz liebe, alte und auch schon etwas behäbige Taube kennengelernt. Eine, die ihren kleinen Engel schon vor sehr langer Zeit gehen lassen musste. Das ist so eine Taube, bei der es einem warm ums Herz wird, so, wie wenn man als Kind nach einem Tag im Schnee heiße Schokolade bekommt. Mit dieser Taube kann Jonne besonders gut reden. Sie versteht sie, sie weiß, wie weh es tut. Doch auch sie erklärt Jonne, dass sie irgendwie ihren eigenen Weg finden muss.

Das macht Jonne jetzt nicht mehr ganz so viel Angst, denn sie sieht ja, dass es geht. Es ist möglich einen Weg zu finden, irgendwann wird es anders! Und während ihr etwas wärmer ums Herz wird und sie so darüber nachdenkt, fliegt die alte Taube davon.

„Du hast Angst, mich zu vergessen? Jonne, du Quatschkopf, das hatten wir doch schon. Wie sollst du mich denn vergessen? Mach dir keine Sorgen, das geht nicht. Ich weiß doch, wie sehr du mich liebst!“

Vergessen

Jonne kommt der Gedanke mit dem Vergessen immer wieder in den Sinn. Es passiert ihr manchmal, dass sie eine ganze halbe Stunde lang nicht an ihren kleinen Engel denkt und einfach etwas Normales tut. Eigentlich ist das ja etwas Gutes, aber dann hat Jonne ein schlechtes Gewissen. Sie denkt, sie wird ihrem Engel nicht mehr gerecht.
Fängt es schon an mit dem Vergessen?

Oder noch schlimmer: Sie nimmt die Welt wahr, als hätte es ihren kleinen Engel nicht gegeben. Es kommt ihr zumindest so vor, weil sie nicht mehr genau weiß, wie seine Stimme klingt, wie er riecht oder wie schön sich sein Lachen anhört.

Jonne muss etwas tun, sonst wird sie noch verrückt. Sie würde gerne ein Erinnerungsbuch schreiben mit Bildern. Oder etwas mit all den schönen Videos machen, eventuell sogar als Blog. Vielleicht braucht sie auch neue Rituale. Eine Art Erinnerungsstunde, jeden Tag oder einmal in der Woche. Jetzt weiß sie das noch nicht und jetzt kann sie es auch noch nicht. Sie ist kraftlos und traurig.

„Hey, wenn du wirklich so große Angst hast und dir zu viel Erinnerung noch zu schwerfällt. Wie wär‘s mit einem Steckbrief? Aber der soll schön werden. Mach doch was mit Farben, Rahmen oder kleinen Symbolen, die mit uns zu tun haben.“

Mein kleiner Engel

So heißt du: ______________________

So nenne ich dich: ______________________

Dein Lieblingsessen: ______________________

Dein Lieblingslied: ______________________

Dein Lieblingsspiel: ______________________

Deine besten Freunde: ______________________

Das hast du gerne gemacht: ______________________

Das mochtest du nie: ______________________

Das hast du immer gesagt: ______________________

Typisch für dich: ______________________

Was dich immer zum Lachen brachte: ______________________

„Und, bist du fertig? Hab ich dir ein Lächeln entlockt?“

Aufräumen

„Klasse, Jonne, das hast du toll gemacht! Vielleicht schwirren dir jetzt ganz viele Gedanken im Kopf herum und du weißt gar nicht, wie du sie wieder aufräumen kannst. Aufräumen gehört nicht zu meinen Stärken, aber ich will dir trotzdem helfen."

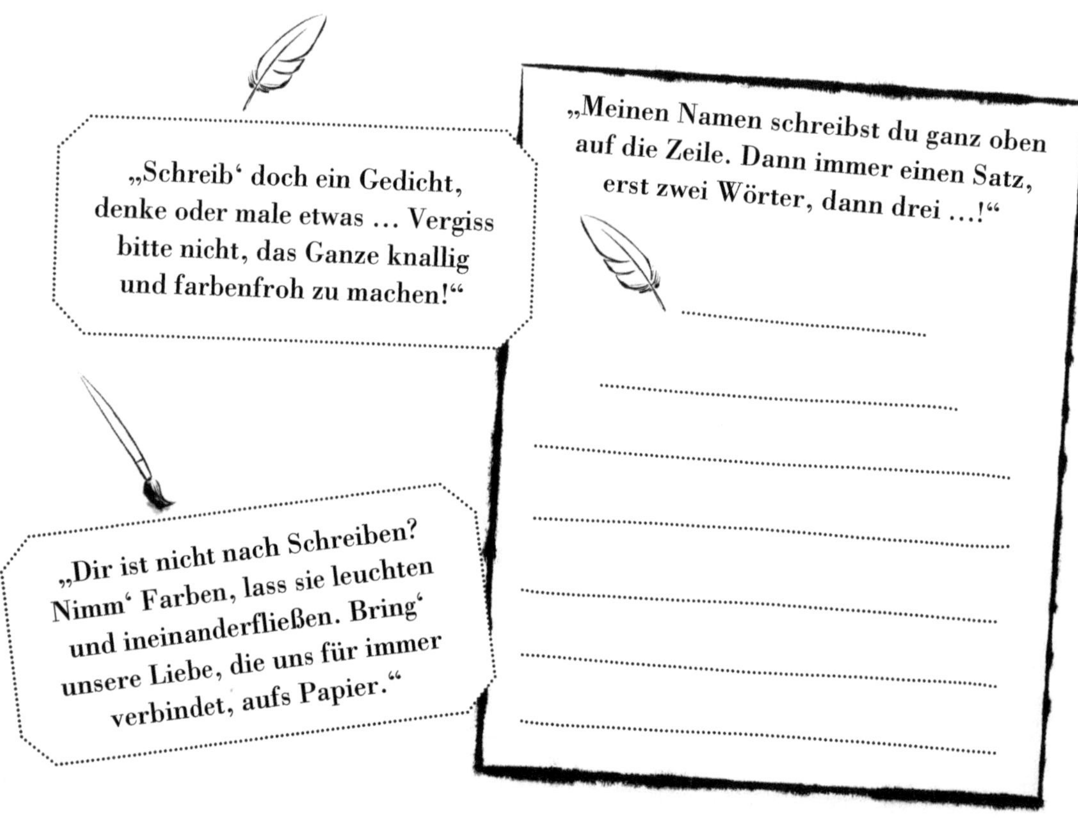

„Oder probier‘s mit einem einfachen Zweizeiler. Schreib‘ immer zwei Sätze und beende sie mit Worten, die sich reimen.“

Ich helfe dir ein bisschen:

Liebe – bliebe

immer da – nah

Herz – Schmerz

Schatz – Platz

immer – schlimmer

Arm – warm

dir – mir

Stern – fern

Regenbogen – umgezogen

„Hast du eine Idee, wo und wie du mir jeden Tag einen Platz geben könntest? Schreib' Ideen für ein neues Ritual auf. Ich bin auch nicht böse, wenn du's dann doch nicht machst oder mal ausfallen lässt!“

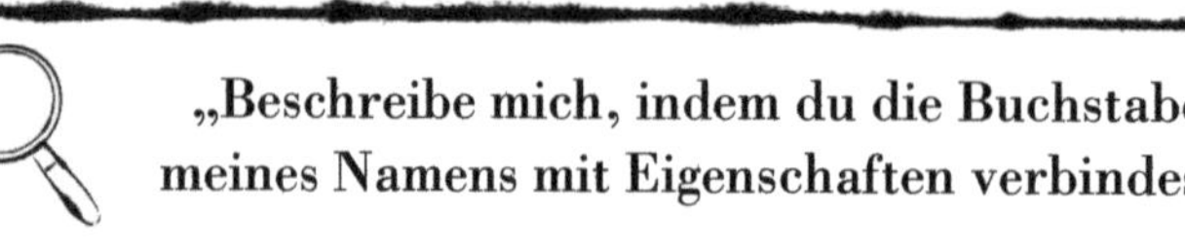

„Beschreibe mich, indem du die Buchstaben meines Namens mit Eigenschaften verbindest.“

ENGEL

E-hrlich

N-eugierig

G-eliebt

E-nergiegeladen

L-iebevoll

„Du hast eine ganze andere Idee? Weil du mal etwas gelesen oder gesehen hast, das dir gefallen, aber doch nicht ganz zu mir gepasst hat? Schreib' es um!"

Schuld

Heute geht es Jonne mal wieder sehr schlecht. Ihre Gedanken drehen sich im Kreis. Richtig schnell, wie in einem riesengroßen Karussell. Immer wieder kommt es ihr in den Sinn: Kann es sein, dass sie schuld ist, daran, dass ihr kleiner Engel nicht mehr hier ist? Nein, das kann nicht sein! Eigentlich weiß sie das auch. Man sagt, alle Familien würden sich diese Gedanken machen.

Wenn ein kleiner Engel an einer schweren Krankheit gestorben ist, dann denken Familien, sie hätten die ersten Anzeichen doch richtig deuten müssen. Aber das ist Quatsch. Woher hätten sie denn wissen sollen, dass es etwas so Schlimmes ist?

Wenn ein kleiner Engel einfach so umgefallen ist, dann denken Familien darüber nach, ob sie es irgendwie hätten merken oder früher Hilfe holen können. Das ist doch Blödsinn, sie haben mit Sicherheit alles Menschenmögliche getan, um ihren kleinen Engel zu retten.

Wenn ein kleiner Engel selbst entschieden hat zu gehen, dann denken sie, sie hätten es doch an manchen Aussagen oder komischen Verhaltensweisen merken müssen. Hätten sie? Vielleicht, aber sie hätten es doch nicht verhindern können.

Wenn ein kleiner Engel wegen eines Unfalls gehen musste, dann denken sie, sie hätten es abwenden können, irgendwie. Vielleicht hätten sie schneller reagieren und besser aufpassen müssen. Aber sie hätten es nicht verhindern können, es ist passiert.

„Jonne, du bist nicht schuld! So einen Unsinn hab' ich ja noch nie gehört! Hör bloß auf, sowas zu denken, da werde ich richtig böse. Wie sollst du denn schuld sein? Du liebst mich doch! Und wenn man jemanden liebt, tut man ihm nichts Schlechtes, nicht mit Absicht. Und wenn man es nicht mit Absicht gemacht hat, kann man auch nicht schuld sein. Punkt. Aus. Ende.

Wenn dich der Gedanke trotzdem nicht loslässt, dann sprich darüber. Suche dir jemanden, dem du vertrauen kannst, und glaube einfach, dass du nichts hättest ändern können.

Vielleicht war es auch mein Schicksal, an diesem Tag zu gehen? Dann wäre ich an diesem Tag gegangen, egal, was passiert wäre ..."

„Schuld ist nur, wer etwas mit Absicht tut!'
Schreib das mal auf. Groß! Deutlich!
Mit Farben! Und merk es dir.“

Warum?

Jonne hat es nun endlich verstanden. Sie ist nicht schuld! Es ist passiert!

Doch je klarer ihr das wird, desto mehr drängt sich Jonne immer wieder diese eine Frage auf: Warum? Sie will zu gerne wissen, warum gerade ihr kleiner Engel viel zu früh gehen musste. Oder weshalb sie nicht einmal eine klitzekleine Chance dazu bekommen hat, den Lauf der Dinge zu beeinflussen.
Immer wieder steht sie ganz plötzlich vor dieser dicken Mauer, die unüberwindbar scheint. Sie schreit dann nach Antworten, kann aber keine finden. Es gibt wohl einfach niemanden, der ihr welche geben kann. Dieser Hilflosigkeit würde sie manchmal gerne Ausdruck verleihen, aber dann weiß sie wieder einmal nicht, wie.

„Jonne, jetzt bist du die, die immer wieder nach dem ‚Warum' fragt, hm? Weißt du noch, wie ich dir mit meiner ständigen Fragerei auf die Nerven gegangen bin? Ich wollte stets wissen, warum die Dinge sind, wie sie sind. Und wenn du mir geantwortet hast, hab ich weitergefragt und weiter und weiter, bis es keine Antwort mehr gab. Das musste ich dann einsehen. Vielleicht bist du jetzt auch an diesem Punkt, an dem es keine Antwort mehr gibt. Aber du darfst fragen."

Und so kam Jonne auf die Idee, ihrer Frage bildlich Ausdruck zu verleihen. Sie malte das Wort WARUM? ganz groß und gestaltete es mit Farben. Verzweifelt und wütend sollte das aussehen. Dann war die Mauer nicht mehr ganz so hoch. Wäre sie geflogen, hätte sie wahrscheinlich drüberschauen können.

WARUM?

„Irgendwas fehlt mir noch … Du bist doch sonst auch gern mal im Internet. Hast wohl gedacht, ich merke das nicht? Komm, nimm dein Handy und such‘ mal. Vielleich findest du ja Sprüche, Zitate oder irgendetwas, das hier passt. Druck‘ es aus und kleb‘ es auf die Mauer. Vielleicht erscheint sie dir dann gar nicht mehr so groß und unüberwindbar. “

UM?

Tröstesuppe mit Trauerklößchen

Doch auch als die Taube Jonne schon wieder über die scheinbar unüberwindliche Mauer blicken kann, wacht sie ab und zu morgens auf und fühlt sich saft- und kraftlos.
Was soll sie nur tun? Wie soll sich denn was verändern, wenn ihr Engel nie mehr zu ihr zurückkommt? Sie wird ihn nie mehr in die Arme nehmen oder über seine Haare streichen. Punkt. Aus. Ende.

Schluss für heute. Sie darf sich nicht immer wieder in diesen schrecklichen Gedanken verlieren. Was sie jetzt braucht, sind Kraft und Wärme, die von innen kommen.

„Jonne, koch doch mal wieder Suppe, Suppe haben wir doch auch immer zusammen gegessen."

Wenn Jonne diese Suppe kocht, erinnert sie sich gerne daran, wie ihr kleiner Engel mit ihr gekocht und genascht hat. Sie schnippelt das Gemüse in ganz kleine Stückchen, so wie er es mochte, und gibt es dann ins kochende Wasser. Danach kommt das Fleisch in den großen Topf, in dem es schon dampft und blubbert. Wenn sie Lust auf Vegetarisches hat, verwendet sie fein gewürfelten Räuchertofu und kocht Erbsen oder Linsen mit. Im Kochsäckchen, wenn es klare Suppe werden soll, einfach so, wenn es ein Eintopf sein darf. Bald steigt heimeliger Duft auf.
Nun braucht sie Geduld: Sie wartet, am besten einen halben Tag. Das Fleisch soll ja schön weich sein. Sie muss die Suppe nun nur noch würzen – mit Salz, vielleicht auch Pfeffer, Curry oder etwas Ingwer. Ca. 20 Minuten, bevor sie isst, gibt sie die Trauerklößchen hinzu. Manchmal auch Nudeln, die hat ihr kleiner Engel immer so gerne gegessen. Das macht sie nach Lust und Laune. Ab und zu setzt sie sich zum Essen auf den Boden vors Fenster. Dann ist es gut, wenn es regnet und der Himmel mit ihr weint.

Zutaten

1 Kilo Tafelspitz / 250 Gramm
fein gewürfelter Räuchertofu und
750 Gramm Linsen oder Erbsen
1 Suppengrün
3 Liter Wasser
Grieß- oder Leberknödel
oder beides (selbst gemacht
oder Fertigprodukt)
Gewürze

Die Treppe zum Himmel

Als sie sich beim Blick in den Himmel in ihren Gedanken verliert, kommt ihr eine Idee. Wenn man mit Liebe eine Treppe bauen könnte, so hoch, dass sie bis in den Himmel reicht, dann würde Jonne das tun, sofort. Es wäre ihr ein Leichtes, denn sie hätte genug Liebe! Aber das geht leider nicht.

Jonne ist traurig, ohnmächtig ...

„Ach, ihr Erdenmenschen, bei euch geht immer alles nicht. Wo ist denn eure Phantasie? Ihr wart doch auch mal Kinder, oder? Jonne, bau‘ doch so eine Treppe für mich und schreib‘ auf die Stufen, was du für mich empfindest! Nimmst du dafür ganz viele Farben?“

Weihnachten

Die freudige Zeit steht an, das Fest der Liebe. Alle scheinen so glücklich zu sein: Sie backen Plätzchen, dekorieren ihre Häuser, singen Lieder mit ihren Kindern. Überall riecht es nach Orangen, Zimt und Tannenzapfen.

Freudig? Nicht für Jonne, schließlich wurde ihr ihre Liebe genommen. Sie hat Angst vor dieser Zeit und weiß nicht, wie sie sie überstehen soll. Ihr bringt der Stern von Bethlehem kein Licht, nein, er droht vielmehr damit, alles im Dunkel versinken zu lassen.

An einem Tag im Advent ist es dann aber doch ein bisschen heller. Da macht Jonne selbst ein bisschen Licht. Sie stellt eine Kerze in das Fenster ihres Nestes. Das tut sie immer am zweiten Adventssonntag, dem Worldwide Candle Lighting Day. An diesem Tag gedenken Menschen auf der ganzen Welt verstorbener Kinder. Und weil auch Jonnes ganze Familie und alle ihre Freunde mitmachen, wird es tatsächlich ein bisschen hell in ihrem Herzen.

Jedes Jahr stellt sich Jonne die Frage, wie und ob sie dieses Fest, das ihrem kleinen Engel immer so viel Freude bereitet hat, feiern kann. Ob sie einen Christbaum aufstellen und schmücken kann? Es gibt Jahre, in denen sie das nicht schafft, und das ist ok. Aber wenn sie es tut, streicht ein Lächeln über ihr Gesicht. Weil sie aber ganz deutlich merkt, dass ein Stück fehlt, soll auch der Christbaum ein Loch haben. Sie schneidet einen großen schönen Ast heraus, schmückt ihn und befestigt eine Kerze daran. Diesen Ast legt sie dann auf dem Grab ihres kleinen Engels ab. An der Stelle, an der der Baum ein Loch hat, bindet sie einen kleinen Engel um den Stamm.

„Jonne, das ist schön. So kann ich auch ein bisschen mit euch sein!“

Und plötzlich ist die Weihnachtszeit vorbei. Jonne hat es geschafft. Es war gar nicht so schlimm, wie sie befürchtet hat. Das liegt auch daran, dass sie bemerkt hat, sie ist nicht allein.

Geburtstag

Einmal im Jahr hat Jonnes kleiner Engel Geburtstag. Anfangs hat sie überlegt, ob sie ‚hat' oder ‚hatte' sagen soll. ‚HAT!' natürlich, schließlich ist er an diesem Tag geboren. Bisher war das einer der schönsten Tage in ihrem Leben.
Sie hat sich an die Geburt erinnert, ihrem kleinen Engel sein Lieblingsessen gekocht und ihm Geschenke gemacht. Aber das Tollste war es, seine strahlenden Augen zu sehen. Unbezahlbar! Aus, vorbei, nie mehr wird sie sich so glücklich und so leicht fühlen. Es war früher ein Tag, an dem sie ununterbrochen geflogen ist. Gerade an solchen Tagen merkt sie so schmerzlich, dass sie nicht mehr fliegen kann.
Schon Tage vor diesem Ereignis macht sie sich viele Gedanken, wie es werden wird, wie sie es schaffen soll. Sie kann dann nicht mehr richtig schlafen und ist auch zu anderen so richtig miesmuffelig. Aber das darf sie!

„Hey Jonne, ich hab‘ da ein paar Ideen für dich:
Koch‘ mein Lieblingsessen.
Häng‘ Bilder von mir auf, aber nur welche, die deine Erinnerung an mich besonders gut treffen.
Back‘ meinen Lieblingskuchen.
Bring etwas zu meinem Grab, du musst ja nicht allein hingehen.
Was hältst du von bunt bemalten Grabkerzen?
Du willst mir ein Geschenk machen? Schenk‘ doch meinen Geschwistern etwas, meinen Freunden, jemandem, der dir wichtig geworden ist!“

Irgendwann ist dann auch dieser Tag vorbei. Jonne hat oft das Gefühl, am Tag vorher war es noch schlimmer, weil sie so große Angst hatte.

„Schick‘ mir Grüße in
den Himmel, vielleicht
mit Luftballons.
Mach‘ einfach, was
dir guttut!“

Der schlimmste Tag

Jonne spricht eigentlich immer von dem Tag. Sie mag das Wort Todestag irgendwie nicht. Ihr Engel ist nicht tot, er lebt nur anders und an einem anderen Ort – das weiß sie inzwischen. Dennoch ist der Tag der Tag, an dem es sich jährt. An diesem Tag wurde ihr alles genommen: ihr Lachen, ihre Leichtigkeit, ihr Sinn. An diesem Tag ist auch ein großer Teil von ihr gestorben. Ihre Flügel sind eingeschlafen, nichts ist mehr, wie es war. Verständlich, dass sich Jonne jedes Jahr aufs Neue schrecklich vor diesem schwarzen Tag fürchtet. Sie hat Angst, dass es sie wieder voll erwischt, ohne Vorwarnung, von einer Sekunde auf die andere wieder dieses Entsetzen, dieses Grauen. Der Moment, als sie es erfahren hat, hat sich so tief in ihr Gedächtnis eingebrannt, dass sich die Erinnerung immer wieder in den Vordergrund drängt.

Aber sie kann ja auch nicht so tun, als gäbe es den Tag nicht. Sie weiß einfach vorher nie, was sie an diesem Tag tun soll. Es gibt Jahre, in denen sie ganz allein sein will, und welche, in denen es guttut, wenn Freunde klingeln. Manchmal schaut sie sich Bilder an, manchmal kann sie das nicht. Oder sie weint, aber nicht so wie immer, sondern so, dass ihr fast das Herz zerreißt. So spürt sie ihren Engel.

„Lass es doch einfach mal auf dich zukommen. Du wirst schon merken, was du dann brauchst. Bitte leb‘ diese schrecklichen Stunden nicht immer wieder in Gedanken nach. Komm‘ raus aus dem Gedankenkarussell, das ist nichts für Tauben. So machst du deine Flügel noch ganz kaputt!“

Und so macht sie es dann auch. Wie in jedem Jahr hat sie auch in diesem diese klitzekleinen, fast schönen Momente. Sei es eine unerwartete Mail, ein lieber Anruf, Kerzen oder Blumen am Grab oder eine lieb gemeinte Überraschung vor ihrer Tür.

Ganz normale Tage

Ein schöner Tag?

Was ist das eigentlich?

Das waren früher doch genau diese Tage: der Geburtstag des kleinen Engels oder Weihnachten. Auch Tage wie Mutter- oder Vatertag und natürlich Jonnes eigener Geburtstag waren immer so schöne Tage. Aus, Schluss, vorbei. Das sind keine schönen Tage mehr. Im Gegenteil, das sind die ganz schlimmen Tage, die Tage, an denen ihr kleiner Engel so sehr fehlt, dass sie es kaum aushält.

Oft vergräbt sich Jonne an diesen Tagen und plötzlich ist das schwarze Loch wieder riesengroß. Meistens kommt dann aber im rechten Moment ein Gut-Tuer vorbei, ruft an oder schreibt ihr etwas Nettes und das hilft. Sie merkt, dass es schön ist, nicht allein zu sein.

Früher war jeder Tag irgendwie ein schöner Tag.

Manche Tage waren sogar besonders schön.

Wenn Jonne etwas mit ihrem kleinen Engel unternommen hat oder er sie mit ganz einfachen Dingen überrascht hat.

„Schreibe unsere schönsten Momente in die Steine!“

Aber jetzt, wo ihr kleiner Engel nicht mehr da ist, kann sie auch keine schönen Tage mehr erleben. Manchmal ist sie sich nicht einmal sicher, ob sie ohne ihn solche Tage überhaupt noch erleben will.

Das probiert Jonne gleich und tatsächlich erlebt sie jeden Tag ein paar schöne Momente. Von Tag zu Tag fällt ihr die Aufgabe leichter. Trotzdem denkt sie, sie könne nie mehr so einen ganz besonders schönen Tag erleben. Dazu müsste sie rausgehen und etwas unternehmen. Davor hat sie aber noch viel zu große Angst. Schon allein, weil sie nicht davonfliegen könnte.

„Auch du erlebst trotzdem etwas Schönes. Denk‘ doch mal an die kleinen Dinge!

Ich hab‘ eine Idee: Nimm dir zwei Schalen, eine voll mit Steinen und eine, die noch leer ist. Jeden Abend, bevor du schlafen gehst, erinnerst du dich an die klitzekleinen schönen Momente des Tages. Für jeden schönen Moment legst du einen Stein von der einen Schale in die andere. Vertraue mir, einen findest du immer. Du wirst sehen, bald hast du eine ganze Schale voller schöner Momente!

Jonne, es ist doch ok, wenn du Angst hast. Du musst ja auch nicht gleich so groß denken. Plan‘ doch erstmal eine kleine Unternehmung. Und wenn du dich dann wieder nicht traust, überleg dir, was im schlimmsten Fall passieren könnte! … Na also!“

Hoffnung

Eines Tages kam Jonne ein unglaublicher Gedanke in den Sinn: Sie wollte wieder fliegen! So einfach war das nicht. Schließlich hatte sie es ewig lange nicht mehr gemacht. Außerdem war sie ja noch immer unglaublich schwermütig. Sie war sicher viel zu schwer, um zu fliegen.

Doch dann hatte sie eine Idee. Sie könnte doch auf einen hohen Baum klettern, ihre Flügel spannen und auf einen der weniger hohen Bäume hinübersegeln. Das müsste sich doch anfühlen wie Fliegen. Gedacht, getan.

Jonne suchte sich einen Baum und kletterte hinauf. Puh, das verlangte ihr einiges an Kraft, Durchhaltevermögen und Mut ab. Aber schließlich schaffte sie es bis in den Baumwipfel. Dort hörte sie seit Langem einmal wieder das Zwitschern der Vögel, was ein heimeliges Gefühl in ihr entstehen ließ. Oben angekommen, schüttelte sie ihre etwas eingerosteten Flügel, breitete sie aus und glitt auf den Nachbarbaum hinüber. Das war ein tolles Gefühl! Naja zugegeben, es war nicht ganz genau wie Fliegen. Nicht ganz so, wie sie es kannte. Und es war natürlich auch viel, viel anstrengender, als einfach vom Boden abzuheben. Schließlich musste sie ja erst einmal auf den hohen Baum hinaufklettern. – Aber ein bisschen, also sogar ein großes bisschen war es schon wie Fliegen.

Das wollte Jonne unbedingt wieder machen. So versuchte sie es immer öfter. Dabei wurde sie kräftiger. Also kam sie leichter und schneller auf den großen Baum hinauf. Wenn sie dann flog, spürte sie, dass ihr kleiner Engel sie begleitete.

Bald würde sie den großen Baum nicht mehr brauchen und wieder einfach losfliegen. Wahrscheinlich nicht so schnell, nicht so hoch und nicht so weit wie früher. Aber sie würde wieder fliegen, daran glaubte sie ganz fest!

Liebe Mama, lieber Papa!

ich bin froh, dass ihr meine Geschichte bis zum Ende gelesen habt. Das war sicher nicht einfach und mit vielen Emotionen verbunden, die man erst einmal aushalten muss. Vielleicht habt ihr das Buch auch immer wieder weggelegt und euch zu einem anderen Zeitpunkt überwunden, es wieder anzufassen. Es kann auch sein, dass ihr manche Dinge anders machen würdet als Jonne oder euch weitere Ideen gekommen sind. Das finde ich super!
Ihr macht euch auf einen Weg. Auf euren Weg. Diesen Weg wolltet ihr niemals gehen. Auch ich habe mir das nie für euch gewünscht. Leider habt ihr keine andere Wahl, egal wie unbegehbar euch dieser Weg immer wieder erscheint. Jonne ging es genauso, und sie hat ihren Weg gefunden und es am Ende sogar wieder geschafft, zu fliegen. Unglaublich, oder?
Jonne hat sehr lange gebraucht, bis sie an diesem Punkt war. Sie hat trotzdem nicht aufgegeben. Auch ich will euch zeigen, dass es geht. Ich will euch Mut und Hoffnung schicken, weil ich euch liebe. Ich hoffe, sie kommen an.

Wie ihr es schaffen könnt, eure verrosteten Flügel wieder auszubreiten und loszufliegen, kann ich euch auch jetzt nicht sagen. Ich weiß es einfach nicht. Das geht bei jedem anders. Ich kann euch nur drei Dinge mit auf den Weg geben:

1. Gebt niemals auf! Auch wenn es euch mal wieder fünf Schritte zurück katapultiert.

2. Ihr müsst es wollen! Nur wenn ihr zulasst, dass es anders werden kann, wird es das irgendwann. Vielleicht habt ihr manchmal, wenn ihr einen Schritt

vorwärts geht, das Gefühl, mich zu verraten. Das ist nicht so, ich weiß, wie sehr ihr mich liebt.

3. Wir sind eine Familie! Das werden wir immer bleiben.

Ich wünsche mir, dass ihr liebe Menschen findet, die mit euch gehen. Vielleicht habe ich Geschwister, die können euch helfen, einfach dadurch, dass sie da sind. Vielleich trauern sie ganz anders als ihr oder sind noch zu klein, um über mich zu reden. Es kann natürlich auch sein, dass sie mich gar nicht kennenlernen durften. In jedem Fall bitte ich euch, eure Traurigkeit nicht vor ihnen zu verstecken.
Eventuell gibt es in eurem Leben andere Eltern, die ihren kleinen Engel ebenso nicht mehr an der Hand halten dürfen und mit denen ihr euch versteht und gut austauschen könnt. Manche Dinge können wohl einfach nur die verstehen, die es auch erlebt haben. Versucht aber nicht, eine Familie zu finden, die es genauso macht wie ihr. Jeder ist anders. Jeder geht seinen Weg.
Auch Gut-Tuer wünsche ich mir in eurem Leben. Lasst sie rein, lasst sie mitgehen. Sicher werden sie nicht immer den richtigen Ton treffen. Versucht, nachsichtig mit ihnen zu sein. Sie sind oft hilflos und wollen euch ganz sicher nicht mit Absicht wehtun.

Ich weiß, dass ich immer einen festen Platz in euren Herzen haben werde.

Ich bin nicht weg. Ich verabschiede mich nicht endgültig.

Ich bin nur nicht mehr hier.

In ewiger Liebe,

euer kleiner Engel

Liebe traurige Große, die ihr mit meinen Eltern verbunden seid!

Ihr seid nicht direkt betroffen, trauert aber auch um mich? Ich freue mich, dass ihr das Buch gelesen habt.

Hoffentlich hilft es auch euch in eurer Trauer um mich. Schließlich weiß ich, wie gerne ihr mich habt und dass ich immer einen festen Platz in euren Herzen haben werde. Vielleicht würdet ihr meiner Familie jetzt gerne etwas Gutes tun, aber ihr wisst nicht, was? Eventuell macht ihr bisher lieber nichts, um nichts falsch zu machen? Bitte tut nicht nichts! Denn damit macht ihr auf jeden Fall etwas falsch.
Dass ihr Angst habt und es euch schwerfällt, meine Familie anzusprechen, verstehe ich. Ihr müsst nicht unbedingt sprechen. Ihr könntet eure Gedanken auch aufschreiben, etwa in einem Brief oder auf einer Karte. Ihr könntet ihnen Blumen bringen oder ein Gedicht. Vielleicht wollt ihr lieber etwas auf mein Grab legen oder habt eine andere Idee, um ihnen zu zeigen, dass ihr an mich denkt. Falsch machen könnt ihr hier fast gar nichts. Ihr solltet nur versuchen, Ratschläge, Floskeln oder Vergleiche zu vermeiden und es nicht übertreiben.
Seid ihr im Umgang mit meiner Familie unsicher, ist das völlig ok. Euch hat die Situation schließlich auch unvorbereitet getroffen. Vielleicht ist es sogar in eurem Leben das Schlimmste, was je passiert ist. Ihr könnt das ruhig offen ansprechen. Vielleicht macht es euch meine Familie manchmal nicht einfach. Das ist keine Absicht, nehmt ihre Launen bitte nicht persönlich. Sie sind froh über jeden, der Geduld hat, da ist, wiederkommt und das Geschehene mit ihnen gemeinsam trägt.
Wenn ihr sie auf der Straße trefft, ist ein ehrlich gemeintes „Wie geht's dir?" das Beste. Lauft nicht weg, sie merken das. Wenn sie euch zurückfragen, sagt ruhig, dass es euch gut geht. Aber haltet euch bedeckt mit Überschwang, verschont sie bitte mit langen Erzählungen darüber, wie „toll" scheinbar alles bei euch ist ...

Nach einem guten Gespräch liegt euch vielleicht zum Abschied ein „Kommt mal vorbei" auf der Zunge. Sagt es nur, wenn ihr es ernst meint. Und dann bitte konkret: Ladet meine Familie mit Tag und Uhrzeit ein. Oder schaut bei ihnen vorbei.
Ihr verspürt den Drang, etwas Positives zu finden oder sie zu trösten? Sätze wie „Dein Kind ist ja trotzdem bei dir!" können verletzen. Versucht, mit auszuhalten, dass manchmal nichts tröstlich ist. Sagt lieber Dinge wie: „Ich glaube, dass es unheimlich schwer für euch ist ..."
Auch nach Monaten und Jahren ist es wichtig, dass ihr immer wieder auf meine Familie zukommt, für sie ist das so unheimlich schwer. Ladet sie zum Beispiel zu einem Essen oder einem Gespräch ein. Denn die Trauer bleibt, sie verändert sich nur. Es tut meiner Familie gut, sie leben zu können, wie es gerade ist.
Sprecht meinen Namen aus, bitte! Es ist ok, sie wollen ihn hören. Erinnert euch an mich und lasst meine Familie an euren Erinnerungen teilhaben. Vielleicht habt ihr Angst, Wunden aufzureißen oder sie aufzuwühlen. Seid gewiss: Der Schmerz ist immer da und es tut gut, ihn nicht verstecken zu müssen.
Es ist nicht schlimm, wenn sie weinen. Im Gegenteil, weint mit ihnen, wenn euch danach ist, und zeigt ihnen, dass auch ich euch fehle. Sollte es wirklich nicht der passende Moment sein, werden sie es euch sagen, das ist dann auch ok.
Vergesst nicht, sie sind immer noch Menschen! Sie haben immer noch Gefühle, mehr denn je.
Sie bekommen immer noch etwas mit, auch wenn sie manchmal nichts sagen.
Sie sind immer noch Teil der Gesellschaft. Lasst sie das spüren.
Sie sind immer noch Eltern, schließt ihr Kind nicht aus.
Ich weiß, dass ihr mich nie vergessen werdet, ich bin nicht weg. Ich verabschiede mich nicht endgültig, ich bin nur nicht mehr hier.

Euer kleiner Engel

Laura Zech ist verheiratet und Mutter von zwei Söhnen. Durch den frühen Tod ihrer Eltern sind Schicksal, Tod und Trauer schon lange fester Bestandteil in ihrem Leben.
Als aber das Unfassbare passierte und ihr kleiner Neffe mit gerade einmal zweieinhalb Jahren plötzlich verstarb, merkte sie, dass bisher erlernte Bewältigungsmechanismen nicht mehr griffen. Da sie kaum Literatur gefunden hat, die ihre Gefühle auf den Punkt brachten, begann sie, selbst zu schreiben. Entstanden ist ein gefühlvolles Buch, in dem Trauer und Schmerz Raum haben. Es soll gleichzeitig Mut und Hoffnung geben – nicht nur betroffenen Eltern, sondern allen, die um ein Kind trauern.

Andreas Hirsch ist freischaffender Künstler und Designer. Nach seinem Studium in Augsburg und Portugal arbeitete er für mehrere Werbeagenturen und für ein großes Verlagshaus. Er war bei innovativen Start-Ups tätig und arbeitete mehrere Jahre als Designer bei Apple in Kalifornien. 2020 machte er sich selbstständig mit seinem eigenen Studio. Für die edition riedenburg illustrierte er bereits das Kinderbuch „Genial im Schlaf".
www.hirschandreas.de

Nicole Baumann-Kolonovics
Heike Wolter
Birgit J. Tomayer (Illustrationen)

Leben mit unserem Sternenkind

Eine einfühlsame Geschichte und liebevolle Rituale für Sternenkind-Familien

Reihe „Rituale für Familien", Band 1

Paperback, 17 x 17 cm
ISBN 978-3-99082-047-6

edition riedenburg, Salzburg
im Buchhandel

Wenn ein Baby vor oder nach der Geburt stirbt, gibt es kaum Erinnerungen. Die gemeinsame Zeit war schließlich viel zu kurz. Gerade das erschwert die Trauer und schmerzt unerträglich. Dieses liebevoll illustrierte Bilderbuch hilft Familien dabei, Sternenkinder im Alltag sichtbar zu machen. So erhalten auch verstorbene Babys ihren festen Platz in der Familie. Denn nicht ohne sie, sondern mit ihnen weiterzuleben ist ein wichtiger Teil der Trauer und für alle Zeiten von Bedeutung.

In der einfühlsamen Geschichte im ersten Teil dieses Buches werden von Omis und Opis Bäume gepflanzt, damit Sternenkind Tilda wachsen kann. Steine gehen auf Reisen, um dort zu bleiben, wo die Sehnsucht zu Liebe wird, und Blätter werden gesammelt, um dem Sternenkind zu sagen, dass es von allen geliebt wird.

Anschließend werden Familien, Angehörige und Begleitpersonen dazu eingeladen, in sich hineinzuspüren und eigene Wege der Trauerbewältigung zu finden. Die vorgestellten Rituale ermutigen Kinder und Erwachsene gleichermaßen zum Gestalten ganz persönlicher Ausdrucksformen. Denn was könnte schöner sein, als den eigenen kleinen Stern besonders hell in der Familie leuchten zu lassen.

Heike Wolter
Regina Masaracchia

Lilly ist ein Sternenkind

Das Kindersachbuch zum Thema verwaiste Geschwister

Reihe „Ich weiß jetzt wie!", Band 11

Paperback, 17 x 19 cm
ISBN 978-3-902647-11-5

edition riedenburg, Salzburg
im Buchhandel

Wenn das neugeborene Geschwisterchen stirbt, ist die Trauer unermesslich groß. Doch wie können Eltern, Großeltern und andere Erwachsene kleinen Kindern das Unbegreifliche begreiflich machen?

Im Gedenken an ihre verstorbene Tochter Lilly und als Hilfe für andere Betroffene hat Heike Wolter das Kindersachbuch „Lilly ist ein Sternenkind" verfasst. Es ist als Band 11 der Kindersachbuchreihe „Ich weiß jetzt wie!" erschienen, deren Begründerin Regina Masaracchia auch dieses Buch feinfühlig und stimmungsvoll illustriert hat.

„Lilly ist ein Sternenkind" enthält eine farbig gestaltete Bildergeschichte über Lillys frohe Erwartung und ihren traurigen Abschied, die je nach Ausführlichkeit des Vorlesens sowohl für Kinder ab zwei Jahre als auch für ältere Kinder geeignet ist. Anschließend gibt die Autorin in einem Sachteil hilfreiche Tipps im Trauerfall. Ein Glossar mit häufig verwendeten Begriffen sowie nützliche Adressen ergänzen das Buch.

Empfohlen vom VEID, Bundesverband Verwaiste Eltern in Deutschland e.V.

Verena Herleth
Vergebliches Warten
Familie Vogel und der Abschied für immer

Reihe „MIKROMAKRO", Band 1
Paperback, 21 x 15 cm
ISBN 978-3-903085-40-4

Verena Herleth
Cato, der Seelenträger
Das Bilderbuch zum Leben der Seelen

Reihe „MIKROMAKRO", Band 3
Paperback, 21 x 15 cm
ISBN 978-3-99082-001-8

Anna-Maria Böswald, Verena Herleth
Trotzdem großer Bruder
Katerkind Ludlu besucht sein
Sternengeschwisterchen

Reihe „MIKROMAKRO", Band 6
Paperback, 21 x 15 cm
ISBN 978-3-99082-028-5

edition riedenburg, Salzburg | im Buchhandel

Bibliografische Information der Deutschen Nationalbibliothek
Die Deutsche Nationalbibliothek verzeichnet diese Publikation in der Deutschen Nationalbibliografie; detaillierte bibliografische Daten sind im Internet über http://dnb.d-nb.de abrufbar.

Laura Zech, Andreas Hirsch (Illustrationen)

Ich bleibe ein Teil von Dir

1. Auflage März 2021
© 2021 edition riedenburg
Verlagsanschrift Anton-Hochmuth-Straße 8, 5020 Salzburg, Österreich
Internet www.editionriedenburg.at
E-Mail verlag@editionriedenburg.at
Lektorat Dr. Heike Wolter, Regensburg
Satz und Layout edition riedenburg
Herstellung Books on Demand GmbH
ISBN 978-3-99082-062-9